MEDITACIÓN

Guía de atención plena para eliminar el estrés, la ansiedad y la depresión

(Aprender a meditar técnicas de relajación y meditación zen)

Mixel Villa

Publicado Por Daniel Heath

© **Mixel Villa**

Todos los derechos reservados

Meditación: Guía de atención plena para eliminar el estrés, la ansiedad y la depresión (Aprender a meditar técnicas de relajación y meditación zen)

ISBN 978-1-989853-76-4

Este documento está orientado a proporcionar información exacta y confiable con respecto al tema y asunto que trata. La publicación se vende con la idea de que el editor no esté obligado a prestar contabilidad, permitida oficialmente, u otros servicios cualificados. Si se necesita asesoramiento, legal o profesional, debería solicitar a una persona con experiencia en la profesión.

Desde una Declaración de Principios aceptada y aprobada tanto por un comité de la American Bar Association (el Colegio de Abogados de Estados Unidos) como por un comité de editores y asociaciones.

No se permite la reproducción, duplicado o transmisión de cualquier parte de este documento en cualquier medio electrónico o formato impreso. Se prohíbe de forma estricta la grabación de esta publicación así como tampoco se permite cualquier almacenamiento de este documento sin permiso escrito del editor. Todos los derechos reservados.

Se establece que la información que contiene este documento es veraz y coherente, ya que cualquier responsabilidad, en términos de falta de atención o de otro tipo, por el uso o abuso de cualquier política, proceso o dirección contenida en este documento será responsabilidad exclusiva y absoluta del lector receptor. Bajo ninguna circunstancia se hará responsable o culpable de forma legal al editor por cualquier reparación, daños o pérdida monetaria debido a la información aquí contenida, ya sea de forma directa o indirectamente.

Los respectivos autores son propietarios de todos los derechos de autor que no están en posesión del editor.

La información aquí contenida se ofrece únicamente con fines informativos y, como tal, es universal. La presentación de la información se realiza sin contrato ni ningún tipo de garantía.

Las marcas registradas utilizadas son sin ningún tipo de consentimiento y la publicación de la marca registrada es sin el permiso o respaldo del propietario de esta. Todas las marcas registradas y demás marcas incluidas en este libro son solo para fines de aclaración y son propiedad de los mismos propietarios, no están afiliadas a este documento.

TABLA DE CONTENIDO

Parte 1 1

Introducción 2

Capítulo Uno: Donde Todo Comienza 5

Capítulo Dos: Los Beneficios De La Meditación 11

Capítulo Tres: Preparándote Para Meditar. 16

APRENDIENDO A RESPIRAR. 17
HERRAMIENTAS QUE PUEDES QUERER EMPLEAR. 18
VESTIMENTA. 19

Capítulo Cuatro: Cómo Meditar. 22

MEDITACIÓN SENTADA. 23
MEDITANDO EN TU ESTERA DE YOGA. 23
RESPIRACIÓN. 24

Capítulo Cinco: Calmando La Mente. 27

Conclusión 33

Parte 2 35

Introducción 36

Capítulo 1: ¿Qué Es La Meditación? 38

Capítulo 2: Beneficios De La Meditación Mindfulness: Principales Razones De Por Qué Es Lo Mejor Para Tu Salud Física Y Mental 48

Capítulo 3: Cómo Hacer Uso De La Meditación Mindfulness Para Transformar Tu Vida 57

Capítulo 4: Técnicas Básicas De Meditación Para Aliviar El Estrés 75

Capítulo 5: Vencer A La Ansiedad A Través De La Meditación 83

Capítulo 6: Cómo Ser Feliz A Través Del Mindfulness 93

Capítulo 7: Cómo Mejorar Las Relaciones A Través Del Mindfulness 104

Conclusión 112

Parte 1

Introducción

Hace mucho tiempo, la meditación se usaba para ayudar a las personas a percatarse de su espiritualidad y tratar de abrir su entendimiento. Todavía se usa de esta manera, pero como eres nuevo en esto, creo que será útil para ti aprender un poco del trasfondo de la práctica de la meditación, así como aprender de qué se trata. Sólo entonces podrás poner tu mejor esfuerzo en ello. Verás, la gente malinterpreta qué es lo que se supone que deben hacer y, si te concentras demasiado en la práctica de la meditación, podrías realmente alejarte de lo que se trata la meditación. No se trata de intentarlo. Se trata de ser.

En ese momento cuando puedes meditar, permites que tu mente alcance nuevas alturas. Es posible que haya experimentado algo como la meditación y no se haya dado cuenta de la similitud, aunque este libro lo explicará, de modo que reconozcas cuándo estás obteniendo beneficios de tu práctica, en lugar de sentir que no estás aprendiendo en las primeras etapas de la meditación. El truco es aceptar tu estado, en lugar de intentar cambiarlo. Entenderás más sobre esto a medida que te guíe por los pasos que te llevan a la meditación y a una mejor comprensión de ti mismo.

La forma en que funciona tu mente también tiene relevancia y utilizaré una cita en la primera parte de este libro que puede ayudarte a ver de qué se trata la concientización plena y su relevancia para la meditación. Aunque muchas personas practican la concientización plenacomo algo separado, ésta desempeña un papel en la meditación porque estar en el momento significa que eres más capaz de disciplinarte y sentir que estás progresando.

Gracias por comprar este libro y espero que obtenga algo de él ya que esa es mi intención. Cuando empecé a meditar por primera vez, no tenía tal guía. Sí, hay muchos libros en el mercado, aunque algunos no son del todo útiles para el principiante, ya que intentan profundizar demasiado para el principiante. Mi opinión sobre la meditación es desde el punto de vista de alguien que enseña y que aprendió a través de la prueba y el error, pero que obtuve un entendimiento interno que me permite ser una autoridad en el tema. He estado donde estás parado y conozco la inquietud con la que tomas esta ruta. Juntos meditaremos y verás los beneficios de incorporar la meditación en tu vida.

Capítulo Uno: Donde Todo Comienza.

"Si quieres vencer la ansiedad de la vida, vive el momento, vive la respiración". AmitRay

Sabemos por la historia que la meditación fue utilizada antes del nacimiento de Cristo. De hecho, varios siglos antes del nacimiento de Cristo, un joven príncipe usó la meditación para obtener respuestas a preguntas sobre las que reflexionaba, que afectaban la forma en que las personas ahora ven la vida y el mundo en el que viven. El príncipe Siddhartha Gautama nació y su padre tomó muy en serio la afirmación de que su hijo se convertiría en un gran guerrero o que se convertiría en un gran líder espiritual. El protegió a su hijo de las realidades del mundo fuera del palacio y no fue hasta finales de sus veinte años que el joven se aventuró fuera del palacio y echó un vistazo a las vidas de la gente común. Le perturbó mucho que la gente sufría. Él no había sido consciente de ello hasta esta aventura.

También sabemos que él practicó meditación, pero cuando lo piensas, esto significa que la meditación ya debió haber sido una práctica en ese momento. La revelación que vio dentro de su mente después de una larga meditación fue la respuesta al sufrimiento de la humanidad. Así, se le ocurrieron ideas que luego se escribieron y se mantuvieron como el camino por el cual los creyentes budistas viven sus vidas. No fue por accidente que él aprendió todo esto y no te preocupes, no estoy tratando de cambiar tu filosofía de vida, ya que esta es una decisión que debes hacer por ti mismo. Sin embargo, Siddhartha Gautama alcanzó una comprensión perfecta a través de su meditación y es esto lo que los monjes budistas buscan cuando meditan: el lugar del entendimiento que se conoce como Nirvana.

Esta filosofía se sigue en todo el mundo hoy y, en particular, en Tíbet, China, India y lugares donde el lado espiritual de la vida corre en paralelo con el lado de la vida que todos ven como la vida cotidiana. Poco a poco, la filosofía se extendió al mundo occidental hasta ahora, se reconoce como un medio maravilloso para poder vincular tu mente y tu cuerpo y salir de la corriente de la multitud hacia un lugar donde puedes darte tiempo para alcanzar a tus conexiones espirituales. Hay muchos mitos que circulan cada vez que se discute algo de naturaleza espiritual, pero para el propósito de este libro, es suficiente que sepas qué es la meditación y cómo se usa.

El acto de meditación es simplemente un proceso de usar un método de respiración profunda que le ayuda a usar la capacidad de sus pulmones que generalmente se ignora en la vida cotidiana. Nosotros solo usamos alrededor de un tercio de la capacidad de los pulmones en la respiración normal. Cuando comienzas a usar más, encuentras que el sistema nervioso simpático funciona mejor y te ayudará a sentirte mejor en ti mismo. La meditación es estimulante, pero no se detiene con el aire que respiras, sino que enfatiza la importancia de la postura del cuerpo. Existen razones para esto también. Como tu cuerpo alberga puntos de energía en toda la columna vertebral, si te encorvas, no es posible que tu cuerpo abra estos puntos de energía y deje que la energía fluya a través de ellos. Por lo tanto, las posiciones de meditación pueden parecer un poco extrañas, pero no te preocupes. No se te pedirá que inicies con la posición de loto completa. Simplemente se te pedirá que te sientes de una manera donde tu espalda esté recta. Otro aspecto de la meditación es la puesta a tierra. Es posible que veas personas que meditan meciéndose hacia atrás y hacia adelante cuando están meditando mientras están sentados en una estera de yoga. Esto es simplemente para encontrar la posición que sea más cómoda, aunque en tu práctica, se te pedirá que mantengas los pies apoyados en el piso, ya que esto hace lo mismo.

La meditación comenzó tan atrás en la historia humana que sus orígenes son difíciles de rastrear. Sabemos que se usó en la India y también sabemos que en el siglo XII fue practicado por Guigo II, quien acuñó la palabra "meditato", que desde entonces se ha cambiado a meditación. En el hinduismo y el budismo, la meditación también se ha utilizado como parte de los rituales que forman parte de esas creencias, aunque el verdadero budismo no puede explicarse como una religión. Es simplemente una filosofía que explica su popularidad en otras partes del mundo. Incluso personas que son cristianas o de otra fe pueden practicar los actos introducidos por esta filosofía sin cambiar de religión o sin iniciar una nueva religión. Un ejemplo típico de esto es el fallecido Leonard Cohen, que era un judío practicante. En la última parte de su vida, comenzó con el budismo zen y la práctica de la meditación fue útil para él y lo ayudó a sentirse más cómodo como ser humano.

Si esperas encontrar revelaciones en este libro, el punto que destacaría en esta etapa es que la revelación que estás buscando está en tu mente. A medida que aprendas a incorporar la meditación a tu vida diaria, descubrirás, tal como lo hicieron hace varios siglos, que es tan relevante para la vida actual como lo era entonces.

Es algo que ayuda de muchas maneras y en el siguiente capítulo, explicaré lo que puedes esperar cuando comiences a meditar y por qué es tan importante que lo mantengas en tu rutina diaria.

Capítulo Dos: Los Beneficios de la Meditación.

"Mirar la belleza en el mundo es el primer paso para purificar la mente". AmitRay

Sin duda, eres consciente del hecho de que cuando las personas sufren de tensión nerviosa tienden a respirar en exceso. Lo que quiero decir con esto es tener ataques de pánico y respirar de manera irregular. Durante el curso de este tipo de respiración, lo que sucede es que se oxigenan en exceso, por lo que se les pide que respiren lentamente en una bolsa de papel para normalizar el flujo de oxígeno en el cuerpo. En la meditación, tu respiración es una parte vital del acto de meditación porque también te ayuda a estar tranquilo y receptivo. Por lo tanto, es vital entender que la forma en que respiras durante la meditación determina qué tan exitoso serás con el proceso.

Las tensiones que se imponen en el siglo XXI son reales. Ahora hay más personas que en cualquier otro momento de la historia que reciben tratamiento para la depresión y las enfermedades relacionadas con la ansiedad. Más personas están sucumbiendo a problemas del corazón y obesidad y la meditación pueden ayudarte en todos los aspectos de tu vida, incluidos estos tipos de problemas. La quietud de la mente y la capacidad de dejarse llevar son las realesherramientas aquí, y verás claramente que ellas tienen un impacto en tu salud y bienestar en general.

Tu corazón disminuirá su velocidad durante la meditación, lo que significa menos desgaste en el sistema cardíaco. También, cuando practiques meditación, descubrirás que tu presión arterial disminuirá y esto es algo que eventualmente puedes controlar hasta cierto punto con tu meditación. La meditación agudiza tu enfoque en la vida y puedes llegar a ser mucho más productivo, pero hace mucho más que eso. Puede agudizar tus sentidos y permitirte disfrutar de la vida a un nuevo nivel de felicidad, el de la felicidad interior y la satisfacción.

Aprendes a controlar tus procesos de pensamiento para no estresarte y puedes usar la meditación para ayudarte a centrar tus pensamientos en cosas que son de mucho más valor para ti en tu vida. También aprendes a controlar tus sentimientos y emociones en lo que concierne a las interacciones con los demás, porque el proceso meditativo te lleva a un estado sin prejuicios en el que puedes apreciar que otros tienen diferentes opiniones que tú y aceptar que ésta es la forma del mundo. Cuando no juzgas a las personas, gran parte del estrés de tu vida desaparece porque es este sentido del juicio el que te impone todo el estrés en primer lugar.

Siento que debo mencionar uno de los mayores beneficios que puedes obtener de la meditación porque, aunque algunas personas pueden no sentirse espirituales y no entender realmente la palabra, la meditación te llevará de vuelta al punto en el que te sientes cercano con tu creador - y realmente no importa quién crees que sea ese creador. Es este sentido dentro de ti que tú perteneces y que tú eres una parte vital del universo, tanto como lo es cualquier fragmento de la naturaleza. Sientes una calma y una auto aceptación que es muy difícil de captar en estos días, cuando la competencia es tan grande y la gente espera que sigas las normas de la sociedad.

Lo más emocionante que experimenté a través de la meditación fue el autocontrol. Me encontré capaz de calmarme en momentos de problemas y ver los problemas desde un punto de vista totalmente diferente. La meditación fomenta la empatía y la compasión, y cuando estas son cosas que incorporas a tu vida, te abren las puertas a la felicidad mejor que cualquier otra cosa que conozco, de manera permanente, en lugar de sentir placer y felicidad en las cosas temporales que las personas valoran tanto en estos tiempos.

Cuando vives en un caos perpetuo en tu vida cotidiana, no te das cuenta de cuánto control TÚ tienes sobre el resultado de tu vida. Por supuesto, habrá cosas que están más allá de tu control, pero cuando tomas las riendas de tu vida y puedes usar la meditación, también controlas el impacto de este caos en tu estado mental. Por lo tanto, la meditación te hace una persona más fuerte, capaz de soportar más y capaz de atravesar la vida sin permitir que la influencia externa te moleste hasta tal punto que se convierta en TU estrés. Te importa más, pero también aprendes que tienes poco control sobre la forma en que gira el mundo. Lo que sí tienes de tu lado es compasión y empatía, y mucha más paciencia de la que puedes haberte conocido en tu vida. Por lo tanto, la meditación te ayuda a enfrentar los altibajos de la vida y superarlos con el mismo vigor, en lugar de permitir que la agitación emocional enturbie tu juicio.

Capítulo Tres: Preparándote para Meditar.

"Para entender lo inconmensurable, la mente debe estar extraordinariamente tranquila, quieta". ~ JidduKrishnamurti

Cuando comienzas a meditar, necesitas un lugar al que puedas ir para alejarte del ruido y el bullicio de la vida. Al principio, meditarás durante aproximadamente 20 minutos cada día y debes dedicar un área de tu hogar o jardín a la práctica de la meditación. Esto significa decidir dónde quieres meditar. Yo encuentro mejor hacerlo en el jardín o en el dormitorio temprano en la mañana antes de que el mundo se haya vuelto ruidoso. Como principiante, querrás evitar lugares donde te interrumpa el ruido o la actividad. Una esquina en tu habitación está bien, siempre que apagues cosas como teléfonos celulares o cualquier cosa que pueda distraerte.

Aprendiendo a respirar.

Muchos estudiantes se ríen cuando les digo que tienen que aprender a respirar, pero el hecho es que en nuestras vidas cotidianas no respiramos de la mejor manera posible. Damos por sentado que respirar significa vida y, por lo tanto, seguimos adelante sin pensar conscientemente en cómo lo hacemos. Me gustaría que te sientes en una silla con la espalda recta y practiques la respiración. Cierra los ojos y ahora imagina que la respiración es algo que puedes ver, como una fuerza de energía que entra y sale de tu cuerpo.

Inhala por las fosas nasales. Puedes ser un respirador oral (por la boca) porque muchas personas lo son, pero hay razones por las que necesitas respirar por la nariz. Tus fosas nasales tienen filtros que permiten que el aire ingrese a tu cuerpo a la temperatura correcta y que también se limpie de toxinas externas. Por lo tanto, esto ayuda a tu cuerpo a trabajar mejor.

Respire a través de las fosas nasales hasta la cuenta de 8. Exhale hasta contar hasta diez.

Puedes tardar un poco en entrar en este ritmo, pero quiero que lo practiques de todos modos. Coloque una mano en la parte superior del abdomen y siente el ascenso y la caída de esta área mientras respira. Este es el tipo de respiración que harás cuando medites, así que practica y trata de ver cuánto tiempo tardas en seguir el ritmo de manera que puedas respirar a estas distancias sin siquiera pensar en ello.

Herramientas que puedes querer emplear.

Aunque en realidad no necesitas nada para meditar, hay cosas que pueden inspirarte. Cuando veas templos budistas, puede que te sientas entusiasmado por las exhibiciones de color. Estos altares no están allí para que puedan adorar cualquier cosa. Ellos están ahí para inspirar. Por lo tanto, si piensas en algo que te inspire en tu viaje, agrégalo a tu área de meditación. Podría ser una estatua de Buda. Podrían ser flores, velas, imágenes que te inspiren y aromas que amas.

También puede resultarle útil usar una esterilla de yoga y un cojín de meditación, aunque esto no es estrictamente necesario. Puedes meditar sentado en una silla de comedor normal, por lo que estas son opciones en lugar de obligaciones. Lo único que puedo decir a su favor es que muestra tu inversión en meditación y te alentará a meditar como parte de tu vida diaria. Yo tengo un cuenco tibetano y encuentro esto particularmente inspirador y puede haber cosas que quieras incluir en tu área de meditación que te inspiren igualmente.

Vestimenta.

Durante la meditación, realmente no importa demasiado lo que elijas usar, excepto que no debería ser restrictivo de ninguna manera. Puedes usar tu pijama si deseas, aunque nunca use nada que tenga una cintura constrictiva o cualquier área de incomodidad. De hecho, prefiero usar una bata de algodón porque es cómoda y nadie me va a ver en mi propio espacio privado. Hasta que te acostumbres a la meditación, debes considerar tus propias necesidades. Por lo tanto, lo que te haga sentir cómodo es una buena opción. Yo voy descalzo porque esto me ayuda a sentirme más en la tierra.

Una vez que estés seguro de tener todo lo que deseas, debes decidir en qué día comenzarás la meditación. Este es un compromiso y es un compromiso para un propósito específico. Nuestras mentes son tan complejas y están llenas de pensamientos que lleva un tiempo recuperar algo de tu práctica de meditación. Al principio debes comprometerte a esos 20 minutos al día para poder seguir adelante y aprender a beneficiarte de la meditación, así como comenzar a utilizarla en tu vida diaria para ayudarlo en momentos difíciles o estresantes.

Cuando tenga más experiencia, probablemente decidirás meditar por más tiempo, pero como recién llegado, no intente demasiado. Todo lo que estás estableciendo es un nuevo hábito y ese hábito es incorporar la meditación en tu vida cotidiana.

Capítulo Cuatro: Cómo Meditar.

"La calma mental sin perturbaciones se logra cultivando la amistad con los felices, la compasión por los infelices, el deleite de los virtuosos y la indiferencia hacia los malvados". Pantanjali

Elegir un momento para meditar es importante y deberías seguir la misma rutina todos los días. Yo sugeriría que la mañana cuando te levantes y antes de ir a limpiarte los dientes sea la mejor hora del día para meditar, porque el mundo está más tranquilo temprano en la mañana y es menos probable que te distraigas. Nunca debes meditar con el estómago lleno, así que no lo dejes hasta después del desayuno. El estado mental que tienes a primera hora de la mañana es ideal porque aún no te has despertado a la realidad del día y, por lo tanto, tienes el optimismo y el entusiasmo por la vida intactos a esta hora del día.

Meditación sentada.

Si has decidido sentarse en una silla, siéntate y asegúrate de que tu espalda esté recta. Ponte cómodo y ten los pies planos apoyados en el piso. Ellos te mantendrán en tierra. Ahora coloque una mano entre la otra, con las palmas hacia arriba y los pulgares tocándose.

Meditando en tu estera de yoga.

Si has decidido usar tu esterilla de yoga y un cojín, desliza el cojín por debajo de la espalda y dobla las rodillas, cruzando los tobillos. El lado de tus pies debe estar cómodo en el piso. Es posible que debas balancearte de lado a lado hasta que encuentres esa posición perfectamente cómoda, pero eso está bien. Hazlo. Luego, coloca tus manos una encima de la otra con las palmas hacia arriba y los pulgares tocándose.

La habitación en la que te encuentres debe

tener suficiente aire y debe ser un lugar tranquilo donde no te molesten.

Respiración.

Empieza a respirar como te mostré en el capítulo anterior. Respira a través de las fosas nasales hasta el recuento de siete y luego exhala hasta el recuento de nueve esta vez. Necesitas mantener este ritmo hasta que sientas que el ritmo llega fácilmente. Ahora comenzarás tu meditación. Durante el curso de la meditación, debes concentrar tu pensamiento en tu respiración y conteo y nada más. Cuanto más esfuerzo hagas para intentar mantener los pensamientos de tu mente, más fácil será para ellos penetrar en tu mente. Trata de pensar en términos de estar en un estado relajado en lugar de tratar de forzarlo. A veces en la vida haces cosas casi en piloto automático.

Tal vez te lo trates y puedas hacerlo sin siquiera pensarlo. Este es el tipo de estado mental al que apuntas.

Inhala por la nariz hasta la cuenta de siete.
Exhala a la cuenta de nueve.
CUENTA UNO

Inhala por la nariz hasta la cuenta de siete.
Exhala a la cuenta de nueve.
CUENTA DOS

Verás que cada ronda de inhalación y exhalación cuenta como una y la idea es que intentas llegar a diez sin dejar que los pensamientos invadan tu mente. Si te encuentras a ti mismopensando en algo, suéltelo sin permitir que tu mente juzgue el pensamiento o te juzgue a ti por su falta de concentración. Está presente en este momento. La forma en que la concientización plena entra en juego es que aprendes a observar el pensamiento y aprendes a dejarlo ir. Recuerdaque, si es un pensamiento sobre el pasado, el pasado se ha ido y nada puede cambiarlo. Si se trata de una preocupación por el futuro, el futuro aún no ha ocurrido y ninguna cantidad de pensamiento cambiará lo que la vida le arroje. Relájate en tu meditación y suelta los pensamientos.

La manera no crítica de enfocar su proceso de pensamiento es importante porque, al practicar esto todos los días durante su meditación, descubrirás que te ayuda en la vida a dejar de lado el juicio y cuando lo hace, la vida se vuelve mucho más fácil para ti de manejar. A menudo, nuestros problemas son el resultado de nuestro juicio de los demás o de las situaciones y tú necesitas dejar de juzgar y simplemente aceptar lo que es.

Capítulo Cinco: Calmando la Mente.

"Tu vida está determinada no tanto por lo que la vida te trae sino por la actitud que traes a la vida; no tanto por lo que te pasa sino por la forma en que tu mente mira lo que pasa".
KhalilGibran

Tu mente es un poder muy fuerte en tu vida. Todo a tu alrededor está cambiando y evolucionando, pero lo que quizás no sepas es que también estás evolucionando. Cuando aprendes meditación, permites que tu mente vea cosas que de otra manera nunca verías. Tu espíritu interior es capaz de alimentar su mente con inspiración y ayuda a energizarla para que cuando salgas a enfrentar la vida, lo hagas con una novedad de enfoque. Este enfoque te ayuda a ser más compasivo y empático y esto enriquece quien eres. Cuando termines tu meditación del día, es bueno tener unos momentos de reflexión y escribir en tu diario lo que crees que puedes hacer mejor la próxima vez para que tu práctica de meditación también esté evolucionando.

Durante el día tu mente está llena de todo tipo de experiencias, emociones, respuestas y es posible que actualmente no puedas controlar lo que sucede en la mente. Es posible que sufras de emociones como la ira, la frustración, los celos, la codicia, etc., pero a medida que continúas meditando cada día, comenzarás a reconocer estas emociones negativas como enemigos y comenzarás a eliminarlas de tu vida. La falta de juicio de los demás te ayuda a aquietar tu mente. Déjame mostrarte con un escenario cómo funciona esto.

John es muy crítico. Un conductor lo pasa camino al trabajo y luego se cruza frente al auto de John. Siente ira y frustración, suena la bocina y siente que la ira crece dentro de él. Cuando el comienza su día de esta manera, continúa siendo negativo porque su estado mental está alterado.

Ahora mira lo que sucede cuando John retoma la meditación y la concientización plena.

Él está conduciendo al trabajo y otro conductor comete un error por descuido y corta delante de él. Siente empatía por el conductor porque sabe que esta falta de experiencia podría terminar lastimando al conductor. Por lo tanto, retira su auto un poco para dejar pasar al conductor, sintiendo que ha hecho algo para calmar la situación.

Ambas situaciones son la misma. La diferencia es que, en el segundo escenario, no se utilizó un juicio severo. John siguió trabajando con un estado mental positivo porque no estaba molesto por lo que sucedió. En la vida, la mente se vuelve ruidosa cuando lo permitimos. Si no puedes perdonar a la gente, la ira interior te ira carcomiendo a ti, no a la persona con la que estás enojado. Cuando sientes odio hacia alguien, esa persona no sufre. Lo haces tú porque no es su mente la que está siendo devorada por el odio. Es la TUYA.

La meditación te enseña la diferencia y te permite tener una ventaja en la vida porque tu primera reacción ante cualquier situación se convierte en compasión. Comienzas a ver la vida de una manera diferente. Empiezas a responsabilizarte por tus respuestas y la meditación también tiene una manera maravillosa de calmar tu enfoque de la vida para que todos estos compartimentos desagradables en tu mente que pueden estar llenos de odio, preocupación, celos, codicia o cualquier tipo de negatividad permanezcan sellados y las únicas cosas que pasen por tu mente sean los pensamientos tranquilos.

Estás en el momento. No permitas que el pasado te persiga y levantas tu espíritu volviéndote menos crítico. Aprendes a dejar ir. Cierra los ojos por un momento y piensa en algo que te ha estado preocupando o en un pensamiento negativo que sabes que aún no has resuelto. Mira el pensamiento como si estuvieras mirando por la ventanilla de un tren y el pensamiento está escrito en un cartel junto a la vía. Solo estará a la vista por unos instantes. Míralo y luego déjalo ir. El tren lo ha pasado y ya no puedes verlo más. Ahí es cuando ganas paz interior y calma. Dejar ir aquellas cosas que te retienen en el pasado te liberará y te ayudará a vivir una vida más feliz y más plena.

Cuando necesites que tu mente se calme durante el día, siéntate en un lugar alejado de las personas y simplemente cierra los ojos por un momento. Puedes meditar en cualquier lugar. Respira el aliento de la vida en tus pulmones y deja que todos los pensamientos se vayan. Cuando puedes hacer esto, la claridad que obtienes es maravillosa y de eso se trata la meditación. Te permite abrir todas las maravillas que se encuentran dentro de tu mente que nunca habrás podido ver sin meditar. La meditación es para la vida. Es tan vital para ti como beber agua y comer alimentos.

Conviértelo en parte de lo que haces todos los días en tu vida y te ayudará de muchas maneras a vivir una vida sin negatividad. Luego, cuando las cosas suceden, y siempre lo hacen, la fuerza interior que has adquirido a través delconocimiento de la meditación te ayudará a estar en paz con tu mundo incluso a través del velo de la tristeza. Te fortalece y te ayuda a lidiar con lo que la vida te arroja.

Conclusión

Habrás visto en este libro que me apasiona este tema. Si descubres que no estás obteniendo lo suficiente de tu meditación, no te rindas. Tardaste años en llegar a donde estás y quizás la vida haya arrojado más que su parte justa de cosas malas en tu dirección. No pienses que todo esto puede ser olvidado de la noche a la mañana. Cuando aprendes a meditar diariamente, descubres que hay un momento en que te sientes animado por la vida y sientes una maravillosa sensación de bienestar. Puede que te pase a ti poco después y, en mi caso, recuerdo claramente que sucedió cuando realmente no estaba tratando de ser algo especial o de hacer algo especial. Ese momento de revelación, cuando lo entiendes bien, te llega y de repente te das cuenta de que todo este tiempo, fuiste la única barrera que te impidió alcanzar esta altura de felicidad en el pasado.

Supongo que la única forma de explicarlo

es como cuando aprendes algo más. Un niño aprende a caminar y la primera vez que puede hacerlo solo, es una celebración porque es un paso hacia algo que aún no se había descubierto. De manera similar, cuando aprendes a tocar el tipo, tocas las teclas y de repente te salen de la nada, es en este momento en el que simplemente estás haciendo lo que habías estado entrenado sin siquiera pensar en ello. Cuando aprendes a conducir un automóvil y de repente te encuentras a ti mismo haciéndolo perfectamente sin pensar en los actos que te llevan allí. La meditación es muy parecida. Una vez que dejas ir tu miedo o tu juicio de que tan bien lo estás haciendo, todo sucede por sí solo. Para llegar allí, sin embargo, debes tener la meditación como una parte regular de tu vida diaria.

Parte 2

Introducción

Gracias por haber comprado el libro.

Este libro contiene pasos y estrategias comprobados sobre cómo puedes usar el poder de la meditación para liberarte del estrés y convertirte, finalmente, en una persona feliz.

La práctica del *mindfulness*, también conocida como de "atención plena", es un tipo de meditación popular que te permitirá convertirte en una mejor persona al nutrir tus pensamientos, tus acciones, tu expresión y tu actitud frente a la vida.

En este libro aprenderás los siguientes aspectos importantes acerca de la meditación *mindfulness*:

- La naturaleza y los orígenes del *mindfulness* como un método poderoso de meditación
- Los beneficios principales de la

meditación *mindfulness*
- Los aspectos del *mindfulness* que te cambian la vida
- Cómo puedes usar la meditación para aliviar el estrés, la ansiedad y la depresión
- Cómo ser más feliz a través de la meditación
- Cómo nutrir las relaciones con la gente que te rodea a través del *mindfulness*

Otra vez, gracias por haber comprado este libro. ¡Espero que lo disfrutes!

Capítulo 1: ¿Qué es la meditación?

Seguramente hayas oído hablar sobre la meditación, pero es muy probable que no sepas realmente de qué se trata. Algunos piensan que la meditación es concentrarse en algo, y otros la consideran como una manera de encontrar paz y satisfacción. Estas ideas se alinean con un mismo objetivo: aminorar la marcha y, en el largo plazo, detener completamente la actividad incesante de nuestros cerebros.

A menudo, esas prácticas no son meditaciones genuinas, sino que son simples alternativas de meditación, ya que, muchas veces, es difícil detener completamente nuestras mentes. La meditación te llevará a ser consciente. No es una práctica, sino un estado: el estado de ser consciente. Tú puedes entrar en este estado o no, sin importar lo que estés haciendo. Algunos pueden meditar mientras están haciendo sus tareas en la oficina, y a otros les puede resultar difícil alcanzar la paz estando sentados en silencio en la cima de una montaña.

Si te fijas detenidamente en los diferentes conceptos de la meditación, otro tema que generalmente encontrarás es que la meditación se trata de tomarse un descanso y sentarse en calma. Pero la verdadera meditación es mucho más que eso. Es un estado de paz profunda e intensa que ocurre si la mente está en silencio o en calma, pero totalmente consciente al mismo tiempo. Esto es solo el comienzo de una transformación interna que puede llevarte a un nivel más elevado de *mindfulness*. Te permitirá ser más feliz y cumplir con el potencial genuino que tienes como ser humano.

Para poder entender la meditación, debes tener en cuenta que no se trata de:

Perder el control

Las voces, acciones involuntarias, sonidos y colores no están asociadas con la espiritualidad ni con la meditación. Estas son señales de pérdida de consciencia y de control sobre ciertas áreas del individuo.

Esfuerzo mental

Puedes lograr la consciencia inconscientemente al elevar tu energía kundalini (es decir, una mezcla estimulante de prácticas espirituales y físicas). Para poder eliminar las obstrucciones que impiden que tu energía kundalini se eleve, puedes recurrir a la introspección o a las poses de manos, pero no debes recurrir a esfuerzos mentales, tales como la repetición constante de cánticos.

Lograr la concentración

La concentración hace referencia al esfuerzo que hacemos para poner la atención en un objeto o una idea por un tiempo determinado. Se considera que las estrategias utilizadas en la visualización son un tipo de concentración.

Una forma de ejercicio

Ejercicios tales como los patrones de respiración y las posturas no son parte de la meditación. Pueden ayudar a encontrar el equilibrio, si te encuentras bajo la guía de un verdadero maestro de la meditación. Sin un objetivo espiritual, la práctica de la meditación puede resultar en un desequilibrio.

Meditación *Mindfulness*

«Meditación» y «*mindfulness*» son dos

términos que, actualmente, se usan de manera intercambiable. Además, son objeto de estudios en los que se resaltan sus beneficios en la salud mental, o de centros zen en los que se promueven nuevas maneras de encontrar tu paz interior en esta vida estresante. Estos términos son generalmente tomados como sinónimos en su forma simple. Su forma general puede ser el concepto de encontrar la paz y poder calmar tu mente continuamente ocupada.

Los expertos y los promotores de la meditación debaten sobre su distinción del *mindfulness*. Sin embargo, cada persona puede tener miles de interpretaciones diferentes, y la discusión probablemente no llegaría a una conclusión. La meditación y el *mindfulness* tienen características similares: son complementarias y, generalmente, se superponen. Pero, al mismo tiempo, cada una tiene su naturaleza y objetivo particulares.

Así como el yoga, los orígenes del

"*mindfulness*" y de la meditación son espirituales y prístinos, impulsados por la religión. Un antiguo registro revela que la meditación precede a la antigüedad, con sus primeras formas en las religiones prehistóricas, las cuales incluían mantras y cánticos rítmicos. Los textos sagrados del hinduismo y las Vedas registran las primeras descripciones de la meditación. A lo largo de la historia, algunos tipos de meditación comenzaron a desarrollarse en el Taoísmo y en el Budismo, principalmente en China y en India.

La meditación temprana se concentra en nutrir el Yo espiritual y trascender las emociones para llegar a un estado de relajación. Gracias a su popularidad en los tiempos modernos en Europa y en América, se redefinió a la meditación para convertirse en una práctica alternativa para la sociedad secular y moderna. Hoy en día, la meditación es una práctica para que la gente mejore su salud y reduzca el estrés.

Principales diferencias entre la meditación y el *mindfulness*

A pesar de que existe una delgada línea, la principal distinción entre la meditación y el *mindfulness* es la siguiente: La meditación hace referencia a un término general, que abarca la práctica de lograr concentración y consciencia óptimas, de nutrir y regular, de cierta manera, la mente.

Puede abarcar diferentes prácticas o técnicas para lograr este nivel elevado de conciencia, tales como la paciencia, la compasión, el amor, y, especialmente, el *mindfulness*. Por consiguiente, el *mindfulness* es solo un tipo de meditación, junto con la serenidad, la respiración, el yoga y el sexo tántrico.

El *mindfulness* es la práctica de concentrarse en el presente. Por ejemplo: concentrarse completamente en tomar un té, olerlo, sentir su calor, degustar su sabor e ignorar emociones intensificadas de tu mente.

Los expertos de la meditación consideran al *mindfulness* como un tipo de meditación. Recuerda, existen diferentes tipos de meditación, los cuales incluyen la visualización y la contemplación, pero el *mindfulness* es el tipo de meditación en el cual puedes llevar tu mente completamente a un objeto.

Por ejemplo, ser consciente de tu respiración es un tipo común de *mindfulness* durante la meditación. Enfocarte en tu respiración mejora tu conciencia de estar en el presente. A esto se lo conoce en el Budismo como meditación *mindfulness* o samatha (es decir, serenar la mente).

Las prácticas diarias como comer o ejercitarse pueden ser otro método para observar el *mindfulness*. Es posible ser consciente de lo que comes o de tus ejercicios y, luego de dejarte llevar por todo tipo de pensamientos, volver a lo que estabas haciendo. Esto es un acto de *mindfulness*.

Sin embargo, la práctica de la meditación es anterior al *mindfulness*. Generalmente, se alinea con la época de la propagación del budismo en la que Buddha toma conocimiento de la práctica de concentrarse en su respiración, lo que lo lleva a darse cuenta de la realidad y de lograr una meditación más rápida.

En la era moderna, un monje budista de Vietnam, Thih Nat Han, quien es famoso por sus lecciones de meditación *mindfulness*, propagó por todo el mundo sus cinco enseñanzas. Uno de sus alumnos, John Kabat Zinn, se convirtió en un famoso promotor del *mindfulness* en los Estados Unidos. Kabat Zinn fue profesor en la facultad de medicina de la Universidad de Masachusetts y fundó el Center for*Mindfulness* and Stress ReductionClinic (Clínica de *Mindfulness* y Reducción del Estrés) para, a través de la meditación, ayudar a los pacientes con enfermedades crónicas. Este fue el comienzo de una rápida popularidad de la meditación *mindfulness* como una forma de convertirse en una persona más sana.

De todas maneras, si te interesa aprender sobre las variadas estrategias de meditación, o si solo estás interesado en aprender cómo puedes aplicar el *mindfulness* en tu vida diaria para reducir el estrés, existe mucha evidencia que respalda la idea de que desarrollar tu mente para volverte consciente del presente puede mejorar tu salud física y mental.

Según un estudio, aquellos que meditan a través del *mindfulness* han tenido niveles más bajos de glucosa, lo que sugiere que una mayor concientización y el autocontrol pueden ayudar a combatir la obesidad y los malos hábitos alimenticios.

Quienes practican la meditación *mindfulness* han experimentado, también, mejoras en la calidad del sueño; especialmente los adultos mayores que, por lo general, toman pastillas para dormir. También se relacionó a esta práctica con una mayor concentración, una menor dependencia a los medicamentos y a niveles más bajos de estrés.

Pero, probablemente, lo más destacable sea el estudio que prueba el vínculo entre el pensamiento positivo y el *mindfulness* con el ADN de pacientes que padecen de cáncer de mama. Esto indica que los beneficios del *mindfulness* en el aspecto físico pueden ir más allá de lo que pensábamos.

Para los principiantes, puede resultar difícil embarcarse en la travesía de la meditación *mindfulness*; pero, si quieres empezar de a pequeños pasos, puedes continuar leyendo este libro y así aprender cómo puedes vivir una vida más feliz a través de la práctica ancestral (y demostrada) de la meditación *mindfulness*.

Capítulo 2: Beneficios de la meditación mindfulness: Principales razones de por qué es lo mejor para tu salud física y mental

A pesar de que no existen tantos estudios clínicos sobre la meditación *mindfulness* como los hay de la ejercitación o de la nutrición, hay una buena razón que explica por qué ha sobrevivido el examen del tiempo. Y, hasta ahora, solo hemos abordado cuestiones superficiales al comprender las razones por las que es beneficiosa en múltiples aspectos, como por ejemplo controlar el dolor o una enfermedad, mejorar la calidad del sueño o aliviar el estrés.

Tal como lo definimos en el capítulo anterior, el *mindfulness* hace referencia a la práctica de estar y ser consciente del momento presente. A partir de este concepto orientativo, en este capítulo vamos a debatir las principales razones por las que debes considerar incorporar la meditación *mindfulness* a tus hábitos diarios.

1. Alivia el estrés

Un estudio publicado en la revista Health Psychology (Psicología de la salud) indica que la meditación *mindfulness* no solo está ligada al sentimiento de alivio del estrés, sino que también esta asociada a la reducción de los niveles de cortisol (la hormona del estrés).

2. Protege el cerebro

La meditación *mindfulness* puede ayudar a proteger el cerebro. Según investigadores de la Universidad de Oregon, Estados Unidos, ser conscientes, como forma de meditación, puede ayudar a cambiar la manera en la que el cerebro se defiende de las enfermedades mentales. Se relacionó al *mindfulness* con las conexiones optimizadas de señalización en el cerebro, mejor conocidas como la densidad axonal, y con el aumento de producción de mielina, o tejido protector, al rededor de los axones, en la corteza cingular anterior del cerebro.

3. Ayuda a aliviar el estrés en personas que padecen artritis

Según un estudio publicado en la revista

Anales de la Enfermedad Reumática, a pesar de que la meditación *mindfulness* pueda no ayudar a reducir el dolor causado por la artritis reumatoide, sí puede ayudar a reducir el cansancio y el estrés.

4. Ayuda a aliviar el estrés en los pacientes cancerosos

En función de un estudio llevado a cabo por investigadores del Centro Jefferson-Myrna Brind de Medicina Integral, la meditación *mindfulness*, realizada junto con terapias artísticas, puede volverse una manera efectiva de reducir los síntomas del estrés en mujeres que padecen cáncer de mama. Además, diagnósticos de imágenes muestran que, de hecho, está asociada con cambios en el cerebro ligados a los incentivos, las emociones y el estrés.

5. Reduce los riesgos de sufrir depresión en mujeres embarazadas

Una de cada cinco mujeres embarazadas sufren de depresión. Sin embargo, aquellas que se encuentran con mayor riesgo de sufrir depresión podrían beneficiarse de la práctica de la meditación *mindfulness*. Los investigadores creen que el efecto de la meditación *mindfulness* en las mujeres embarazadas es bastante limitado, pero es altamente prometedor. Un estudio llevado a cabo por investigadores de la Universidad de Michigan, Estados Unidos, y encabezado por la Dra. Maria Muzik, sienta fuertes bases para futuras investigaciones sobre cómo la meditación puede llevar a una perspectiva más positiva durante el embarazo.

6. Reduce el riesgo de sufrir depresión en adolescentes

Los adolescentes que practican la meditación *mindfulness* han experimentado menores niveles de depresión, estrés y ansiedad, según un estudio de la Universidad de Leuven, Bélgica.

7. Ayuda a los adultos mayores a sentirse menos deprimidos

La depresión en los adultos mayores puede ser riesgosa, ya que puede aumentar el riesgo de diferentes enfermedades crónicas. Sin embargo, un estudio llevado a cabo en la Universidad de California en Los Ángeles, Estados Unidos, demuestra que la meditación *mindfulness* puede ayudar a reducir los sentimientos de depresión en los adultos mayores y a mejorar su salud al reducir la manifestación genética asociada con inflamaciones.

8. Ayuda a perder peso

Si estas intentando perder algunos kilos para estar más saludable, el *mindfulness* puede ser tu mejor aliado. Esta noción se basa en un estudio realizado por la Asociación Estadounidense de Psicología (American Psychological Association - APA). En este estudio, se consideró al *mindfulness* como la estrategia ideal para perder peso.

9. Ayuda a aumentar la concentración

La meditación *mindfulness* funciona como el botón de volúmen del cerebro, ya que puede ayudarte a aumentar la concetración. Ayuda al cerebro a controlar mejor el manejo de las emociones y el dolor, especialmente a través de la regulación de los ritmos corticales alfa, que cumplen una función en lo que nuestros cerebros son conscientes. Esto está basado en un estudio publicado en la revista Fronteras en la Neurociencia humana.

10. Reduce las facturas médicas

Además de mejorar tu salud, la meditación mindfulnes puede reducir tu factura de servicios de salud. Un estudio publicado en la Revista Estadounidense de Promoción de la Salud muestra que la meditación *mindfulness*, especialmente la meditación trascendental, está vinculada a menores gastos anuales en servicios de salud, en comparación con los gastos de aquellos que no practican el *mindfulness*.

11. Ayuda a dormir mejor

Los investigadores de la Universidad de Utah, Estados Unidos, manifiestan que el entrenamiento del *mindfulness* no solo ayuda a las personas a controlar mejor sus estados de ánimo y sus emociones, sino que puede también ayudarlos a quedarse dormidos en la noche. Aquellos que practican el *mindfulness* han presentado un mejor control sobre sus comportamientos y emociones. Además, se vinculó la mejora en el *mindfulness* con la reducción de actividades a la hora de dormir, las cuales pueden tener beneficios para mejorar la calidad del sueño y el manejo del estrés.

12. Ayuda en el clima frío

La meditación *mindfulness* puede ser de gran ayuda en climas fríos. Además de la higiene, el *mindfulness* realizado junto con el ejercicio pueden ayudarte a reducir los efectos desagradables de los resfríos. Según un estudio llevado a cabo por investigadores de la Facultad de Medicina y Salud de la Universidad de Wisconsin, Estados Unidos, quienes practican la meditación *mindfulness* se pierden de menor cantidad de días de trabajo por fuertes infecciones respiratorias.

13. Ayuda a obtener calificaciones más altas

Un estudio de la Universidad de California en Santa Bárbara, Estados Unidos, concluye que los estudiantes que practican el *mindfulness* obtienen mejores calificaciones en cuanto al razonamiento verbal en los exámenes de admisión para estudios de posgrado. Además, han experimentado una mejora en su memoria. Los resultados de este estudio indican que el uso del *mindfulness* es una estrategia efectiva y eficiente para mejorar las funciones cognitivas. El estudio se publicó en la revista de Ciencias de la Psicología.

14. Te lleva a conocer a tu verdadero Yo

La meditación *mindfulness* puede ayudarte a ver más allá de ti mismo en momentos en que es necesario realizar un análisis objetivo. Un estudio publicado en la Revista de Ciencias de la Psicología demuestra que la meditación *mindfulness* puede ayudar a superar los puntos ciegos habituales que pueden disminuir o intensificar tus propios defectos.

15. Ayuda a convertirte en una mejor persona

Muy probablemente te encante lo que la meditación puede hacer por tu cuerpo y por tu mente. Sin embargo, puede también ser beneficiosa para nuestras relaciones al mejorar la compasión. Esto surge de un estudio publicado en la revista de Ciencias de la Psicología. Según los investigadores de la Universidad de Hardvard, Estados Unidos, quienes meditan experimentan el sentimiento de "hacer el bien", el cual hace a las personas más felices.

Capítulo 3: Cómo hacer uso de la meditación mindfulness para transformar tu vida

La meditación *mindfulness* no es una pócima mágica. No te librará del estrés ni te ayudará a vivir en un estado de felicidad instantáneamente.

Sin embargo, si intentas preguntarle a la gente que ha incluido el *mindfulness* en su rutina diaria, en general te dirán que esta práctica cambia tu vida.

"Cambia tu vida" es una frase común que usan los expertos para describir el efecto de la meditación *mindfulness*. Existen varias explicaciones del por qué la meditación puede ser una herramienta poderosa para cambiar tu vida, como por ejemplo:

1. Te darás cuenta de que no eres lo que piensas

Generalmente, se considera a esta idea como una de las percepciones más influyentes de la práctica del *mindfulness*. Una amiga que trabaja en un estudio contable en Los Ángeles descubrió el *mindfulness* luego de leer un libro sobre "Meditación para madres", cuando buscaba tratamientos alternativos para su depresión posparto. En aquellos días, pasaba los 25 minutos de viaje a su trabajo en medio de una secuencia depresiva de pensamientos negativos: "No soy una buena madre. No merezco tener hijos. Odio mi vida. Estaré triste y lloraré por dentro..."

Sin lugar a duda, no era la forma más productiva de comenzar el día. A través del *mindfulness*, aprendió que sus pensamientos no son necesariamente verdaderos. Son tan solo pensamientos. Son el resultado de sus neuronas, disparándose dentro de su cerebro que piensa demasiado.

La meditación *mindfulness* te enseñará que, en vez de quedarte atrapado en un espiral de pensamientos, puedes ser consciente de las cosas que se están metiendo en tu cabeza.

"Pienso que soy una mala madre". Puedes ver este pensamiento pasar y desaparecer. ¡Esto no significa que en verdad eres una

mala madre!
Este pequeño ajuste en tu perspectiva puede ser realmente liberador.

2. No necesitas poner demasiado esfuerzo en las pequeñas cosas

Somos muchos los que gastamos demasiada energía en reaccionar a las pequeñas cosas. Tu hijo hace un berrinche, tu corazón comienza a acelerar y reaccionas de manera incompetente.

Comparado con otras cosas de la vida, que un niño tenga un ataque no tiene demasiada importancia. Muchas de las cosas en las que gastamos nuestra energía son pequeñas cosas. Pero, en el momento, todo puede parecer como algo realmente importante.

En verdad, obtener una nueva perspectiva toma tan solo un pequeño momento. Solo tienes que recordar que el berrinche terminará. También puedes entender que la persona que se coló delante de ti en la fila de la confitería no tenía nada en tu contra.

A través de la meditación *mindfulness* puedes aprender cómo nutrir tu serenidad. Puedes volverte consciente de lo que te provoca y aprender a hacer una pausa para poder responder a la situación, en vez de reaccionar.

Desde una perspectiva filosófica, no estamos dando vueltas en círculos continuamente, pasando de una crisis a otra. El sistema nervioso puede calmarse, y tú puedes dejar de pasar malos ratos por pequeñas cosas.

3. Nutres la compasión

Algunos maestros del *mindfulness* creían que la compasión y la conciencia eran la misma cosa. Cuanto más conscientes de nuestro presente seamos, nos encontraremos más sintonizados con las experiencias de la gente que nos rodea, y también con sus penas y alegrías. Esto te llevará a la compasión, es decir, al deseo genuino de querer que todos los seres humanos estén libres de sufrimiento. Cuanto más consciente seas, más podrás ayudar a los demás. No solo porque estamos obligados moralmente a hacerlo o porque se ve bien. Puedes ayudar a los demás porque eres consciente de su sufrimiento. Tu conciencia se vuelve un compromiso compasivo con el ser.

4. Aprendes a aceptar las cosas

Muchos de nosotros pasamos el día combatiendo el momento presente, en lugar de aceptarlo. Muchas veces pensamos en las cosas que nos gustan y en las que no nos gustan. Y como resultado, nos estamos perdiendo la oportunidad de vivir el momento presente, cuando estamos gastando las energías en juzgar la situación.

A través de la meditación *mindfulness*, puedes aceptar el presente, porque el presente es lo que es. Pero debes saber que eso no significa darse por vencido. Es tan solo el simple acto de reconocer la realidad. Después de eso podrás tomar una decisión. Si hay algo que no puedes cambiar, puedes trabajar en ello. Si hay algo que se encuentra más allá de nuestro control, podemos hacer algo para suavizarlo un poco.

5. Aprecias más las cosas

Si prestas atención, puedes ver la belleza en donde no te habías dado cuenta en el pasado. Puedes ver el crecimiento, la transformación y el cambio en donde, en el pasado, has visto solo cosas sencillas. Probablemente, en tu camino al trabajo has pasado por al lado de un jardín lleno de flores y, sin embargo, has estado muy ocupado pensando en lo que te depararía el resto del día. Cuando te vuelves consciente, comienzas a ver las flores hermosas; el solo hecho de verlas te reduce el nvel de estrés y te convierte en una persona más alegre.

El *mindfulness* ayuda a aliviar el estrés

Ten en cuenta que no eliminará tus factores estresantes. Tus hijos seguirán teniendo berrinches, tu entorno laboral seguirá siendo el mismo y el clima seguirá igual, no importa lo que tú hagas. La gran transformación sucederá bien dentro tuyo. Puedes decidir reaccionar a tus factores estresantes con habilidades mejoradas y con aceptación.

A través del *mindfulness* puedes descubrir que entiendes a tu propio ser, que puedes mirar a tus problemas desde una perspectiva diferente y que puedes hacer frente a las pruebas que la vida te da de manera positiva.

Esto puede realmente cambiar tu vida.

Ser consciente de tu propia historia

Cuando leemos las historias de la gente famosa, es muy común sentir que estamos leyendo una ficción, a pesar de que sabemos que esos eventos sucedieron de una manera muy similar. Para quienes han pasado por esos eventos, no son solo historias, sino que fueron si vidas reales y esos eventos sucedieron realmente.

De la misma manera, cuando miramos documentales sobre eventos históricos significativos, podemos sentir que estamos viendo una cadena de eventos que están fuera de este mundo, ya que lo que pasa está más allá de nuestro campo de experiencia. De hecho, todo lo que en el mundo se encuentra más allá de nuestras experiencias pueden parecernos historias inventadas.

Muchos de nosotros podemos entender el mundo que ya conocemos. Dentro de este ámbito, vemos lo que entendemos de nuestro propio ser, nuestro rol y lo que creemos que podemos o no podemos hacer.

Un ejercicio de gran ayuda en el *mindfulness* es dar un paso atrás y vernos a nosotros mismos, ver nuestras vidas de manera objetiva y sin juzgarnos (algo similar a lo que hacemos cuando leemos una biografía o vemos un documental). Al hacerlo, puedes comenzar a ver cómo hemos creado una historia sobre quiénes somos y cómo nos definimos a nosotros mismos.

A través de la meditación *mindfulness* te darás cuenta de que te has puesto muchos límites y obstáculos a ti mismo, a tus creencias sobre lo que eres y a aquello que no creías que podías lograr. Muy a menudo basamos nuestra historia en quien el mundo nos dice que somos, sin pensarlo profundamente. Pero, a través de una introspección cuidadosa, puedes ver a través de estas impresiones y de las paredes que has construido y empezar a derribar y redefinir tus creencias, lo que ayudrá a transformar tu vida.

Tu priopia historia

Eres el protagonista de tu propia historia, porque en tu vida todo ocurre a tu alrededor. Percibes todo desde tu propio punto de vista; siempre está el pensamiento de que, con tus acciones, estás haciendo lo correcto.

En tu propia historia puedes elaborar definiciones tangibles de tu personaje: quién eres, cuál es tu lugar en el mundo, qué puedes y qué no puedes lograr o en qué puedes o no convertirte, y qué esta bien o mal según tu juicio.

Seguramente también has creado tu propia historia sobre el mundo, sobre cómo funciona dependiendo de la historia, tus percepciones y tu sentido del juicio. De hecho, has inventado un guión que puedes seguir y que define cómo el mundo da vueltas y cómo tú te mueves en el mundo, es decir: tu lugar en el mundo.

Dentro de tus historias, has creado varios sistemas de creencias que pueden ayudarte a dirigir tus experiencias diarias en el mundo que puedes considerar como tu sistema de funcionamiento. Este sistema de funcionamiento puede decirte que solo tienes capacidades limitadas y específicas, basadas en lo que has logrado y en lo que no has logrado en el pasado.

También puedes utilizar las experiencias pasadas para descifrar qué eventos particulares ocurrirán o no en el futuro. Por ejemplo: puedes creer que nunca serás exitoso en los negocios porque no sabes cómo comenzar tu propio negocio, porque has fallado en los negocios en el pasado o simplemente porque te gusta la seguridad y la comodidad que tu trabajo te brinda. No puedes irte nunca de vacaciones porque creer que no tienes el lujo de tener dinero o tiempo. Nunca podrás tener hijos porque piensas que todavía no eres responsable como para cuidar de otro ser humano, lo que te hace sentir indigno e infeliz. Nunca te darán un ascenso en el trabajo porque la administración no cree que seas competente. Nunca serás feliz porque has estado triste durante todos estos años y porque la vida tiene esa manera de empeorarte las cosas.

Eres lo que tú crees que eres

En el libro "Las enseñanzas de Buddha"

hay un texto motivante que explora la idea de que todo lo que somos es el resultado de nuestro pensamiento, en la medida en que realmente podemos crear el mundo a través de nuestra mente.

A través de la meditación *mindfulness*, podrás comprender la concepción de que, de hecho, podemos crear el mundo, nuestra percepción del mundo, mediante nuestras creencias y de nuestros simples pensamientos. Además, siempre tenemos una opción en cuanto a cómo vivimos y percibimos el mundo a través del *mindfulness*; esto es, al ser conscientes de lo que decidimos pensar. También puedes limitarte a un determinado conjunto de experiencias y de posibilidades, gracias a la visión limitada de nosotros mismos y de nuestro papel en el mundo.

Puedes armar historias sobre tus limitaciones, tus condiciones y tu capacidad de funcionar en el mundo. Por ejemplo: puedes creer que como solo pudiste dormir por cuatro horas anoche y tu parámetro para ser eficaz en el trabajo es dormir de seis a siete horas, entonces serás ineficaz por el resto del día. Pero, en realidad, si refuerzas este pensamiento al pensar en él una y otra vez y al compartir ese sentimiento con todos los que te rodean, se volverá real; estarás muy cansado y serás ineficaz durante todo el día.

A pesar de que puedas estar motivado y alerta durante algunos momentos (incluso por momentos en que eres eficaz porque estás relajado y no te encuentras afectado por tus niveles normales de estrés), ignorarás estos momentos en favor de aquellos períodos de ineficacia, porque tu falta de descanso está penetrando en tu conciencia. Seguramente puedas progresar significativamente en determinadas tareas que necesitas realizar, pero, gracias al cansancio que sientes, puedes ver las cosas desde una perspectiva diferente y puedes superar obstáculos mentales concretos. Puedes ignorar esto porque te dentendrás en la idea general de que estás agotado todo el día, hasta que llegue el momento en que puedas descansar.

Y si le has comentado a todo aquel con el

que te encontraste sobre tu falta de descanso y sobre cuán cansado estás, entonces aquellos que se sienten igual que tú consolidarán esa idea. Esto te hará recordar y reconocer que estás cansado y que seguirás estando cansado hasta que puedas descansar.

El simple hecho de pensar que estás cansado ha creado un mundo lleno de dificultades, porque estás agobiado de cansancio. Y como tal, el día será exigente y muy duro. Puedes reforzar esta idea de estar cansado porque puedes sentir el cansancio físico, y es lo que te repites a ti mismo una y otra vez. Lo que quizás no puedes reconocer es que puedas haber tenido un momento en el que hayas estado bien física y mentalmente, y en el que puedas haber sido eficiente.

¿Cómo te defines a ti mismo?

Algunas experiencias particulares te definirán a lo largo de tu vida. Por ejemplo, puedes verte a ti mismo como deportista porque te gusta correr maratones. O puedes verte como alguien más inteligente que la mayoría de las personas porque te has ganado tu doctorado. Eres una persona bondadosa y compasiva porque generalmente donas dinero a organizaciones de beneficencia. O puedes verte como un fracaso porque has fallado en los negocios.

A menos que hagas una gran transformación en tu vida o que vivas eventos drásticos (como por ejemplo un problema de salud), muchas experiencias y momentos en tu vida solo sirvan para confirmar tu historia. En este momento, tú solo eres la suma total de todas las experiencias y de los momentos relevantes de tu vida.

Historia personal

A medida que el tiempo pasa, puedes sentirte confundido con tu historia personal. Cuando miras a lo que crees que fueron momentos significantes de tu vida, puede parecerte que no se relacionen con lo que crees que es real en el presente. Como si le hubieran ocurrido a otra persona, lejos de este ámbito.

También puedes sentir que has perdido una emoción o un sentimiento ligado a eventos pasados y que, si tratas de atenuarlo, el entusiasmo de esas experiencias pasadas puede ser escurridizo, incluso si fue una experiencia que te cambió la vida. O, quizás, puedes rememorar una experiencia osada del pasado y puedes preguntarte si realmente has hecho eso.

Nuestras vidas presentes pueden parecer muy diferentes a lo que eramos en esos momentos, hace algunos años. Cuando estabas en la secundaria, probablemente estabas lleno de aventuras y tenías las agallas de desafiar a las autoridades. Incluso tu estilo de vida y tu percepción eran muy diferentes comparados a lo que son hoy. Ahora, parece que emanamos autoridad y que mantenemos como prioridad nuestras cómodas vidas.

Eres el protagonista de tu propia historia

Por si ya te habías olvidado, el protagonista de tu historia eres tú, y que existes en escenarios particulares. Tu familia y tus amigos son los personajes secundarios que pueden influir en el modo en que logras tu felicidad.

El protagonista tiene tanto limitaciones como fortalezas, las cuales se definen en diferentes situaciones. Por consiguiente, a menudo tienes tu propia definición con muy poco margen para la modificación. Los personajes secundarios son conscientes de estas limitaciones y fortalezas. Te ayudarán, de vez en cuando, a reconocerlas, cuando tú necesitas recordarlas o cuando trates de transformar tu vida.

El *mindfulness* puede ayudarte a concentrarte en las cosas que te hacen feliz

La meta es observar lo mucho que tratamos de encuadrar nuestra historia y nuestras definiciones de cómo funciona el mundo. Gracias a estas definiciones, ¿estamos creando filtros para ver solo lo que queremos ver y verificar nuestra definición del mundo? ¿Dejas de prestar atención o evitas aquello que encuentras de mal gusto, para que puedas pretender que no es verdad? ¿Disfrutas de concentrarte en lo desagradable para validar y consolidar tu estado mental

negativo?
Muchos de nosotros lo hacemos con nuestra propia historia. Generalmente, tenemos expectativas sobre experiencias específicas en nuestras vidas, y tratamos de buscar oportunidades para que estas expectativas se conviertan en realidad.

Quizás pienses: "mi matrimonio no está bien realmente; quiero el divorcio con todas mis fuerzas". Entonces, cuando estás con tu pareja, buscas cosas que confirmen ese pensamiento que has creado en tu mente. Te concentras en las características negativas de tu pareja. Te enfocas en las experiencias negativas que han pasado juntos, o en cómo se ha convertido en una relación tóxica. Ignoras todo lo que no refleja lo que quisieras ver: principalmente, que es un mal matrimonio, tal como tú lo crees.

Ya que estás acostumbrado a ver lo que deseas ver, puedes estar ignorando el hecho de que tienes la posibilidad de componer tu matrimonio, que eres lo suficientemente afortunado como para tener una pareja a tu lado, que se han apoyado mutuamente a lo largo de los años, que tienes unos hijos maravillosos.

Si observas la situación con una actitud más ambivalente, tal como "hoy no soy feliz con nuestro matrimonio, pero, de todas maneras, elegiré quedarme porque aún hay amor, y amo a mis hijos", seguramente te sorprenderás con la decisión. Te darás cuenta de que puedes encontrar cosas favorables y, probablemente, puedas poner menos énfasis en las cosas que te recuerdan el sufrimiento que estás atravesando. Debido a que ya estás dentro de esa relación, puedes salvarla y componerla, si aún es posible.

Puedes lograr esta actitud a través de la meditación *mindfulness*, que puede ayudarte a convertirte en una persona más feliz, independientemente de tu contexto y de tu condición en la vida.

Capítulo 4: Técnicas básicas de meditación para aliviar el estrés

Hay una gran probabilidad de que hayas decidido buscar más información sobre la meditación *mindfulness* porque vives en un mundo ajetreado y estás muy estresado, o porque quieres mejorar tu calidad de vida.

Para aquellos que están ajetreados, existen técnicas y ejercicios básicos de meditación *mindfulness* que puedes utilizar para calmar tu mente y para ser consciente de ti mismo.

Respiración consciente

La respiración consciente puede llevarse a cabo tanto sentado como parado, en cualquier momento y lugar. Solo necesitas estar quieto y concentrado en tu respiración durante unos pocos minutos.

Comienza por inhalar y exhalar lentamente. Un ciclo completo debe durar aproximadamente seis segundos. Inhala por la nariz y exhala por la boca. Permite que tu respiración fluya sin demasiado esfuerzo.

Deja tu mente libre de pensamientos. Por un momento, deja ir todas las cosas que tienes que hacer en el día o las tareas pendientes que requieren de tu concentración. Tan solo sé tú mismo por un momento.

Sé consciente de cómo respiras; concéntrate en tus sentidos, en el flujo de tu respiración cuando entra en tu cuerpo y te nutre de oxígeno; luego, siente cómo tu respiración llega hasta arriba y sale por tu boca, mientras que el nutriente vuelve al espacio.

Si piensas que no puedes meditar, te sorprenderá saber que estás a mitad de camino. Si has encontrado a este ejercicio para relajar la mente gratificante, puedes intentar otros ejercicios de *mindfulness*.

Conciencia consciente

Este simple ejercicio está destinado a alimentar la conciencia incrementada y la apreciación de tareas básicas de la vida diaria, así como también los resultados que se obtienen de estas.

Solamente sé consciente de algo que realizas todos los días, algo que, generalmente, das por hecho, como por ejemplo tu camino al trabajo. Justo en ese momento y en ese lugar, cuando estás manejando al trabajo, trata de serenar tu mente y ser consciente de dónde estás, cómo te sientes en ese momento y a dónde te llevará tu auto. Tómate un tiempo para apreciar cómo funciona tu auto y cómo tu cerebro hace posible que puedas manejar.

Ten en cuenta que estos puntos de contacto no tienen que implicar contacto físico. Por ejemplo, cada vez que pienses en algo negativo, puedes elegir tomar una pequeña pausa para revaluar la situación. Reconoce el pensamiento como algo negativo y déjalo ir. O, quizás, cada vez que tomes un café, para por un momento para apreciar su aroma y cuán afortunado eres de poder tener un tiempo para disfrutar de tu café.

Elige un punto de contacto que hoy esté resonando en tu interior. En lugar de repasar tus actividades diarias como un robot, tómate algunos momentos para hacer una pausa y así cultivar la conciencia deliberada de lo que estás haciendo y de las bendiciones que traerán a tu vida.

Contemplación consciente

Este tipo de meditación es muy simple, pero a la vez extremadamente poderosa. Está planeada para reavivar nuestra conexión con la belleza de la naturaleza, algo que generalmente ignoramos cuando estamos apresurados en nuestra rutina diaria.

Escoge un objeto de la naturaleza que esté cerca tuyo y concéntrate en él por, al menos, un minuto. El objeto puede ser una planta, un árbol o un animal. Puedes incluso concentrarte en las nubes o en la luna, si es que haces este ejercicio de noche.

Lo único que debes hacer es mirar a ese objeto de la naturaleza. Solo relájate en él por cuanto tiempo tu concentración te lo permita. Míralo como si fuera la primera vez que lo estás haciendo. Permite que tu percepción visual explore cada detalle de su formación. Déjate llenarte por su presencia y conéctate con su energía y con su propósito en este mundo.

Inmersión consciente

El objetivo de la inmersión consciente es alimentar la satisfacción que encuentras en el momento presente y escapate de la continua lucha en la que te encuentras envuelto todos los días. En vez de trabajar ansiosamente para terminar tus tareas diarias y así poder seguir con la siguiente tarea, experimenta esa tarea por completo.

Por ejemplo, si necesitas actualizar un inventario, concéntrate en cada detalle de la tarea. En lugar de considerarla como una tarea habitual en tu lista de quehaceres, puedes convertirla completamente en una nueva experiencia al concentrarte en cada aspecto de la acción: aprecia cada elemento que registras, siente el bolígrafo que usas para registrar la información, desarrolla una manera más eficaz de registrar las existencias. La idea es ser creativo y encontrar nuevas experiencias dentro de cada tarea habitual.

En lugar de trabajar en el objetivo de completar la tarea y de concentrarte en ello, sé consciente de cada paso y métete de lleno en el proceso. Puedes llevar esta actividad más allá, al alinearte con tu rutina diaria de manera espiritual, mental y física.

Escucha consciente

La escucha consciente le permitirá a tus oídos abrirse a los sonidos sin prejuzgar. La mayor parte de lo que escuchamos diariamente ya ha sido filtrado por nuestras experiencias pasadas. Pero, a través de la escucha consciente, puedes lograr una conciencia presente y neutral, que te permitirá escuchar sin ninguna idea preconcebida.

Escoge una parte de una canción o una pieza de música que nunca hayas escuchado. Puedes elegir poner una estación de radio al azar o una lista e música que tengas en tu colección y que nunca hayas escuchado.

Ponte los auriculares y cierra los ojos. No juzgues la música por no ser de tu género preferido o porque no te gusta el artista. Ignora toda idea preconcebida que tengas sobre la música y déjate llevar por el sonido de toda la canción. Siente cada detalle de la canción, incluso si no te gusta la música que estás escuchando.

La importante es simplemente escuchar la música y sumergirte por completo en la canción, sin ninguna opinión o preconcepto sobre la letra, el artista o del género musical.

Valoración consciente

Este ejercicio de *mindfulness* te permitirá valorar cinco cosa que, por lo general, ignoras. Estas cosas deben ser objetos que usas todos los días o incluso gente que te rodea pero que son poco valoradas. Puedes hacer una lista de las cinco cosas que quiere valorar todos los días.

La finalidad de este ejercicio es simplemente mostrar gratitud y apreciar las cosas insignificantes de tu vida; es decir, apreciar las cosas que secundan tu existencia, pero que muy rara vez puedes valorar.

Por ejemplo: la Internet que te ha permitido descargar este libro, el panadero que hornea el pan sabroso que te encanta, tus ojos que te permiten ver, el clima

agradable del día de hoy. Pero...
- ¿Sabes cómo surgieron estas cosas?
- ¿Te has parado un momento a reconocer propiamente cómo estas cosas o esta gente suman a tu vida?
- ¿Te has imaginado cómo sería tu vida sin ellas?
- ¿Cuándo fue la última vez que te detuviste por un momento a valorar sus mejores detalles?

Luego de identificar cinco objetos/personas, tómate un momento para descifrar todo lo que puedas acerca de cómo surgieron y cuál es su propósito, y así poder valorar verdaderamente la forma en la que secundan tu vida.

Capítulo 5: Vencer a la ansiedad a través de la meditación

Información reciente demuestra que, en los Estados Unidos, cerca de 40 millones de personas sufren de trastornos de ansiedad.

Los científicos creen que la causa de la ansiedad es nuestra mente excesivamente alerta como respuesta a nuestros esfuerzos por sobrevivir en el mundo moderno. Preocuparse o pensar de más puede provocar que la amígdala o el centro del miedo en el cerebro se expandan más y se vuelvan más reactivas a la ansiedad o al estrés.

Si crees que estás sufriendo de ansiedad, puedes recibir tratamientos médicos estándar, como por ejemplo la terapia cognitiva de comportamiento. También existen medicamentos sintéticos que pueden ser prescriptos para controlar los efectos de la ansiedad.

Sin embargo, la terapia puede ser costosa y, además, su compleción puede llevar meses. Además, los medicamentos pueden tener efectos secundarios adversos y no existe nada que garantice que funcionarán en todas las personas.

Si estás cansado de tener ansiedad y estás buscando una solución alternativa para calmar tu mente hiperactiva, la meditación *mindfulness* puede ser una solución para ti.

Puedes comenzar por entrenar tu mente para que esté menos ansiosa, incluso si nunca antes has probado la meditación.

Cómo vencer a la ansiedad a través del *mindfulness*

Algunos trabajos de investigación han confirmado que los beneficios de la meditación *mindfulness* liberan a la gente del estrés y la ansiedad.

Entre las diferentes formas de meditación, el *mindfulness* es considerado como la mejor opción para los principiantes, ya que está comprobado que es fácil y que no necesita de ningún tipo de entrenamiento particular para intentarlo. Aquellos que sufren de mucho estrés diario, como por ejemplo quienes trabajan en Silicon Valley y en Wall Street, practican el *mindfulness* para evitar el agotamiento y para mejorar su salud mental.

Los marines de Estados Unidos usan la meditación *mindfulness* para disminuir el estrés general laboral entre los soldados, para reducir los efectos del estrés postraumático y para mejorar el desempeño.

La meditación *mindfulness* transforma tu cerebro para que puedas lidiar con la ansiedad

Durante miles de años, antiguas civilizaciones de India y China han utilizado el *mindfulness* para conseguir la espiritualidad; pero, para la vida diaria, han usado esta técnica para relajar sus mentes.

Según la ciencia, sin embargo, el *mindfulness* es mucho más que una práctica mística de relajación. En verdad, puede transformar las funciones y la estructura de tu cerebro.

Gracias a las técnicas de neuroimagen actuales, estos cambios que se dan en el cerebro pueden ser fácilmente monitoreados e incluso medidos.

Un trabajo de investigación llevado acabo en la Universidad John Hopkins, Estados Unidos, llegó a la conclusión de que la meditación *mindfulness* es la mejor forma de meditación para combatir la depresión y la ansiedad, así como también para lidiar con el dolor.

Los beneficios del *mindfulness* alcanzan a muchas clases de condiciones mentales, como por ejemplo: trastorno de pánico, ansiedad social, trastorno de ansiedad generalizado, adicciones, agorafobia y depresión.

A continuación, te muestro algunas de las maravillosas maneras en que el *mindfulness* puede mejorar el funcionamiento de tu cerebro y también tu salud mental:

La meditación *mindfulness* restructura el cerebro hiperactivo

Resultados de varios estudios demuestran que la meditación *mindfulness* puede restructurar la manera en que el cerebro reacciona al estrés y a la ansiedad. Es fácil generar un nuevo hábito, y difícil detenerlo, ya que nuestro cerebro crea un canal neural sólido para esta actividad. Esto también pasa con tus patrones de pensamiento. Pero la ciencia ha demostrado que nuestro cerebro posee capacidad ilimitada de cambio. A esto se lo conoce como neuroplasticidad. Con el ejercicio de la meditación *mindfulness* puedes restructurar tu cerebro para que esté más concentrado.

La meditación *mindfulness* te prepara para tener diferentes visiones y percepciones

El *mindfulness* te permite ser consciente y detener tu máquina del tiempo interna que te hace evocar el pasado y preocuparte demasiado por lo que te deparará el futuro. En lugar de seguir un patrón de pensamiento ansioso sobre todos los posibles efectos negativos, puedes aprender a ser consciente de ello por lo que verdaderamente es y dejarlo ir. Esto le enseñará a tu cerebro a dejar ir las preocupaciones.

La meditación *mindfulness* neutraliza las sustancias químicas del cerebro

El *mindfulness* puede equilibrar el nivel de sustancias químicas en tu cerebro. Puede elevar el nivel de ácido gammaaminobutírico (GABA), un neurotransmisor que te permitirá sentir felicidad. Durante un ataque de ansiedad, el nivel de GABA en tu cerebro es muy bajo. Con el *mindfulness*, el cerebro puede mejorar el estado de ánimo al elevar los niveles de serotonina, otro neurotransmisor que puede hacerte sentir feliz. Al mismo tiempo, el *mindfulness* puede ayudar a reducir los niveles de cortisol, conocido como la hormona del estrés.

La meditación *mindfulness* minimiza la inflamación del cerebro

La citocina es una sustancia química que se encuentra en el cuerpo y que es responsable de regular nuestras reacciones a las inmunidades. Niveles elevados de citocina en el cuerpo pueden conducir a inflamaciones crónicas, las cuales están vinculadas a la depresión, la ansiedad y otros problemas en el estado de ánimo. A través de la meditación *mindfulness*, la posibilidad de sufrir una inflamación en el cerebro se reducirá e incluso podrá alterar la expresión génica que causa inflamaciones. Te sorprenderá saber que al cuerpo solo le toma ocho horas de meditación para cambiar estos genes.

La meditación midnfulness mejora la salud de tu cerebro

El *mindfulness* puede mejorar el tamaño de tu cerebro y, también, su salud. Hay estudios que demuestran que los cerebros de aquellos que practican el *mindfulness* con regularidad muestran un incremento en el tamaño de la materia gris, en el espesor de la corteza cerebral y en el volumen del hipocampo. Además, el tamaño de la amígdala (la región del cerebro vinculada al estrés, la ansiedad y el miedo) se vuelve mínima. El *mindfulness* también puede mejorar las conexiones neurales entre diferentes áreas del cerebro.

Respiración *mindfulness* para vencer al estrés y a la ansiedad

No te lleva mucho tiempo comenzar a meditar. Puedes meditar tan poco como 10 minutos al día; esto es posible incluso para aquellos que están muy ocupados. Algunos promotores del *mindfulness* recomiendan incluso prácticas más cortas de meditación de tres minutos, porque puede ayudarte a crear un hábito al que puedas ceñirte.

Puedes comenzar con una meditación fácil de respiración *mindfulness*, que te ayudar a dejar de ir de un pensamiento al otro para poder ser consciente de tu presente.

Esto es lo que debes hacer:

- Encuentra un lugar tranquilo en donde te puedas sentar sin ningún tipo de distracción.
- Cierra tus ojos.
- Comienza a respirar normalmente y sé consciente de cómo respiras.
- Mientras respiras, debes decir "inhalo, exhalo" para ayudarte a mantenerte alejado de otros pensamientos.
- Si algún pensamiento aleatorio se hace presente, solo identifícalo como un pensamiento y, sutilmente, vuelve tu atención hacia tu respiración.

No pienses que tener pensamientos

aleatorios en tu cerebro significa que has fallado en la meditación. Recuerda que el objetivo de la meditación es calmar tu mente y no estar libre de todo tipo de pensamientos. Es natural que el cerebro piense cosas aleatorias sin cesar. Tu objetivo es simplemente ser consciente de estos pensamientos cuando aparecen en tu cerebro y, sutilmente, volver a enfocar tu mente lejos de ellos.

Una mente excesivamente alerta puede tener efectos negativos en tu cerebro, incluidos el estrés y la ansiedad. Si necesitas superar la ansiedad sin recurrir a tratamientos médicos o a tomar medicamentos sintéticos, la meditación *mindfulness* es una forma comprobada para minimizar la ansiedad y el estrés y, al mismo tiempo, mejorar tu bienestar general. Va más allá de la práctica de ayudar a relajarte. En verdad, puede estructurar tu cerebro y volver a conectarlo para que tenga menos ansiedad. No requiere de ningún entrenamiento particular y puedes hacerlo durante tan poco como tres minutos.

Capítulo 6: Cómo ser feliz a través del mindfulness

Un estudio reciente de la Universidad de Harvard, Estados Unidos, investigó los hábitos de *mindfulness* de mas de 15.000 personas. A estas personas se las citó aleatoriamente y los investigadores les preguntaron si estaban concentrados en su actividad presente o si su mente estaba pensando cosas al azar; si la última opción era la correcta, les preguntaban si sus pensamientos eran agradables, desagradables o neutrales.

Los resultados del estudio demostraron que la mayoría de las personas tienen mentes divagantes. Reveló que nuestras mentes se dispersan el 47% del tiempo. Cuando tenían pensamientos desagradables, eran las personas menos felices. Sin embargo, declararon que se sentían felices cuando sus mentes no estaban divagando. Incluso eran más felices que cuando tenían pensamientos felices.

Esta es una prueba contundente sobre el

concepto principal del *mindfulness*. Puedes ser más feliz si te concentras y si estás consciente del presente. Este estado de *mindfulness* se desarrolla de dos maneras diferentes: a través de prácticas apropiadas de *mindfulness* o de meditación *mindfulness*, o a través de prácticas inapropiadas que implican básicamente concentrarse en el presente mientras transcurre tu rutina diaria.

Veamos cómo la meditación *mindfulness* puede volverte una persona más feliz.

La ciencia detrás del cerebro feliz

La corteza prefrontal izquierda es un área importante del cerebro, responsable por hacernos sentir felicidad. Está ubicada por detrás del lado izquierdo de la frente. Un estudio demuestra que hay aumento de actividad en este área cuando miramos una comedia, cuando recordamos momentos felices y cuando vemos a alguien sonreir. Los especialistas en neurociencias generalmente estudian este área del cerebro si desean entender la ciencia detrás de la elicidad.

Para investigar si la meditación

mindfulness afecta a esta región, el doctor Richard Davidson, de la Universidad de Winsconsin, estudió a Mattieu Ricard, un profesional de la meditación midnfulness, conocido como el hombre más feliz de la tierra. El doctor Davidson utilizó un escáner para electroencefalogramas con el fin de estudia el cerebro de Ricard durante la meditación. Cuando Mattieu comenzó a meditar, los niveles "gamma" en su cerebro estaban más allá de los normales, por lo que el doctor pensó que el escáner estaba roto.

Con este resultado favorable, el doctor Davidson volvió a realizar la prueba con un grupo más grande de practicantes del *mindfulness*, a quienes se los comparó con un grupo de estudiantes que nunca habían practicado la meditación. El resultado fue confirmatorio. El doctor Davidson descubrió que quienes meditaban experimentaban niveles elevados de actividad en la corteza prefrontal izquierda del cerebro, en comparación con los estudiantes.

Es importante destacar que la actividad

cerebral de aquellos que meditaban tenía relación con la cantidad de horas completas. Una mayor cantidad de horas de meditación se correlaciones con una mayor actividad cerebral. Este resultado es consistente en investigaciones sobre el *mindfulness*, incluso en aquellos practicantes sin experiencia. Por ejemplo, un estudio llevado a cabo en 2008 investigó un curso de *mindfulness* de ocho semanas. Los resultados demostraron que el nivel práctica del *mindfulness* en el hogar está estrictamente relacionado con el bienestar general.

Quizás pienses que la felicidad es algo que solo sientes como respuesta a lo que ves todos los días. Sin embargo, la ciencia indica que es una habilidad que puede ser trabajada, por lo que es algo que puedes aumentar con la práctica.

El *mindfulness* puede ayudarte a volverte más fuerte

Nuestros pensamientos afectan nuestro estado de ánimo. A través del *mindfulness* puedes volverte más fuerte frente a las emociones poco agradables. Hay un ciclo de retroalimentación existente entre nuestras emociones y nuestros pensamientos. Por ejemplo, si te afliges por un fracaso del pasado, quizás te sientes triste. Esto puede provocar pensamientos más negativos y contraproducentes que pueden hacerte sentir más triste aún. Puede ser que ni siquiera te des cuenta de ello.

Con la meditación *mindfulness*, puedes ser más consciente de estos patrones de pensamiento y ver cómo afectan tus emociones. Entonces, si comienzas a notar que estás en un círculo de pensamientos negativos, puedes volver a concentrar tu mente fácilmente en el presente y detener el espiral negativo en el que te encuentras.

En otro estudio, las personas que formaron parte de un curso de *mindfulness* de un mes experimentaron un aumento importante en su estado de ánimo, así como también una reducción en el comportamiento y los pensamientos rumiantes. Los investigadores llegaron a la conclusión de que las mejoras en el estado de ánimo eran causadas inicialmente por la baja meditación.

Hacemos un montón de cosas diferentes cada día. Independientemente de si estamos yendo al trabajo, almorzando o hablando con amigos, nuestro cerebro tiende a dispersarse; y si estamos atrapados dentro de un círculo negativo, esto puede tener un gran efecto en la manera en la que nos sentimos. La meditación *mindfulness* funciona como una forma de amortiguador, que nos protege de los espirales de pensamiento que pueden abatir nuestro estado de ánimo.

Nivel de práctica necesaria para el *mindfulness*

En el estudio de Davidson, algunos participantes ya contaban con más de 10.000 horas de práctica de meditación. Sin embargo, no necesitas esperar tanto para poder ver los resultados. Algunos estudios han mostrado los beneficios de la meditación luego de tan solo 10 minutos al día, durante una semana. En general, los estudios sobre *mindfulness* demuestran una tendencia consistente a la relación dosis-respuesta. Por lo tanto, cuanto más practiques, mejores resultados obtendrás.

El *mindfulness* es muy parecido a hacer ejercicio. A pesar de las ventajas conocidas que tiene, es un hábito difícil de mantener. Lo mejor que podemos hacer es participar en programas de entrenamiento de *mindfulness*, destinados a mejorar el compromiso. Existen programas que integran la formación presencial y la tecnología, con el fin de mejorar la experiencia de la práctica del *mindfulness* para que se convierta en una parte de tu vida diaria.

El *mindfulness* funciona a través de la conciencia continua de tu cuerpo, incluidos tus pensamientos, sentimientos e intenciones. Tu estado mental y tu actitud positiva o negativa hacia lo que te rodea están estrechamente relacionados con tus experiencias de sufrimiento y de felicidad. Recuerda, el *mindfulness* es el estado de ser consciente de todo lo que sucede en el momento presente. Es una estrategia de autodesarrollo que cambiará el foco de tu mente para ser más feliz.

Ejercicio de *mindfulness* para ser más feliz

Ser consciente del ahora

El *mindfulness* es la conciencia constante y continua del presente. Una vez consciente del momento presente, puedes concentrarte en lo que está pasando, y puedes dejar de lado tus cargas emocionales y mentales. Para poder ser consciente, debes volver a configura tu mente.

Calma tu mente

Tu mente está continuamente ocupada con los sentimientos y los pensamientos sobre tu pasado y tu futuro. Para poder terminar con estos pensamientos sin sentido, debes aprender a etiquetar este ruido, ser consciente de él y cambiarlo a través de la concentración al *mindfulness*.

Concéntrate

Busca un lugar tranquilo para sentarte a meditar. Debes ser consciente de todo lo que está entrando a tu mente. Al traer paz al diálogo interno, puedes observar tus sentimientos y tus pensamientos sin etiquetarlos como positivos o negativos. El *mindfulness* entra en acción a través de la conciencia continua de tu respiración y de tu postura corporal, de tus sentimientos, de tus pensamientos y de los objetos mentales que entran a tu mente durante la meditación. A través de la simple concentración, puedes aprender a ver las cosas como son, sin ningún tipo de idea preconcebida o juicio previo. Puedes sentarte a meditar de manera consciente por, al menos, 20 minutos por día.

<u>Sé consciente de tus actos</u>

Existe una gran posibilidad de que te hayas entrenado a tí misma, siguiendo a tu vos interior, para consumir energía . Puedes ser influenciada subconscientemente por tus sueños, tus preocupaciones y tus miedos. Proyectas, interpretas y especulas con las emociones, los pensamientos y las palabras que te rodean. Debes entrar en un estado de conciencia de tu momento presente sin las preconcepciones emocionales. Debes mantenerte alejado del arrepentimiento por cosas del pasado, así como también de la esperanza de más en el futuro. Mejorar tu capacidad de concentración te dará la oportunidad de cambiar una situación aparentemente insignificante en una especial.

Acuérdate de ti mismo

Acordarse de uno mismo es tratar de ser más consciente y deliberado. Este es un tipo de meditación activa que puedes practicar para ser consciente de ti mismo y de tu entorno. La importancia de la estrategia de acordarse de uno mismo es que mientras estás haciendo algo (comiendo, hablando, leyendo) deberías ser consciente de ti mismo.

Alimentación consciente

Siempre que estés comiendo, saborea el gusto de la comida a través del *mindfulness*, sin ningpun tipo de distracción externa. Deberías experimentar el sabor de tu comida sin televisión, celular o revista.

Caminata consciente

Cuando caminas por la playa, puedes ser consciente de los sonidos, de la temperatura del viento y de vista del sol. Debes ser consciente de cómo caminar y de cómo e sientes, pero sin dejar que tus pensamientos interrumpan tu caminata.

Sé consciente de tus pensamientos

El *mindfulness* intensifica tu conciencia de la naturaleza de tu mente. Una vez hayas aprendido a controlar tu mente y a escuchar a tu alma, podrás elegir continuamente ser feliz en lugar de estar triste.

Sé consciente de tus sentimientos

Ten en cuenta que la calidad de tu vida es proporcional a tu capacidad de ser feliz. Nuestra tendencia a ser felices está en nuestra determinación a enfocarnos en las cosas que tenemos a nuestro alrededor. Sé consciente de las formas de las nubes, del cantar de los pájaros, de la risa de los niños, de las bellas flores que crecen en tu jardín. Sé consciente de la sincronicidad de la naturaleza.

Capítulo 7: Cómo mejorar las relaciones a través del mindfulness

Nuestras relaciones son una de las fuentes importantes de felicidad para nosotros. Pero, al contrario, estas relaciones también pueden ser fuente de tristeza, estrés y ansiedad.

Mucha gente se pasa la mayor parte de su vida intentando descifrar cómo funcionan las relaciones, pero igualmente sienten que no son totalmente conscientes de ello. Pero, una vez que piensas más en ello, te darás cuenta que crear y nutrir relaciones sanas no es tan difícil y complicado como piensas.

La razón principal por la que encontramos difícil mantener nuestras relaciones es que la mayoría no vemos más allá de nuestras propias necesidades y deseos. Por lo tanto, si lidias con una persona que ve el mundo desde una perspectiva similar a la tuya, entonces, es posible que te encuentres en una lucha de poder, porque a ti también te gusta salirte con la tuya. En consecuencia, tus relaciones pueden estar plagadas de malentendidos y de conflictos.

Algunos creen que para nutrir nuestras relaciones tenemos que trabajar en la relación en sí. A pesar de que esto puede ser realmente esencial para toda relación saludable, en lo que realmente deberías trabajar es en ti mismo. Además de aprender cómo puedes ser más comprensivo y compasivo, también tienes que superar uno de los mayores obstáculos de las buenas relaciones: tus inseguridades.

Existen prácticas fáciles de *mindfulness* que pueden ayudarte a progresar significativamente en mejorar tus relaciones. Esto incluye la meditación *mindfulness*, la escucha profunda, la escritura consciente y el habla consciente.

Meditación *Mindfulness*

La meditación *mindfulness* es el núcleo de la práctica del *mindfulness*. Si no entendemos cómo funcionan las relaciones, nunc podremos ser más conscientes de cómo nuestras acciones y pensamientos afectan nuestras relaciones. Más allá de un mejor entendimiento de las relaciones, el *mindfulness* puede también ayudarte a obtener poder interior para combatir tus inseguridades.

Practicar la meditación *mindfulness* puede resultar fácil. Como ya hemos dicho en los capítulos anteriores, todo lo que necesitas hacer es buscar un lugar tranquilo en el que nadie pueda interrumpirte por algunos minutos. Debes sentarte en una silla, con tus pies planos en el piso, tu espalda derecha y tus manos en una posición práctica. Cierra tus ojos y comienza a ser consciente de tu respiración. Una vez que tu mente se aleje, debes volver tu concentración hacia tu respiración.

Es completamente normal que tu mente divague. La meditación *mindfulness* no exige la perfección. Simplemente, trata de mantenerte concentrado en tu respiración. Luego de algunos minutos, tu mente comenzará a ordenarse. Si eres un principiante, puedes comenzar a meditar por unos 10-15 minutos cada sesión. Luego, puedes aumentar la duración de las sesiones a 20-25 minutos.

Esta práctica calmará tu mente y, además, puede ayudar a estabilizar tus emociones, para que evites reaccionar tanto a las acciones o a las palabras de la gente que te rodea. Esto también te ayudará a obtener una visión más clara del mundo.

Escucha activa

Solo unas pocas personas entre nosotros saben realmente cómo escuchar profundamente a la gente con la que se comunican. Pocas veces pensamos cómo vamos a contestar a alguien, nuestras mentes en general están divagando. Puede resultar difícil prestar atención, ya que la mente puede estar inquieta y tú no puedes esperar más para discutir el siguiente orden del día. Por lo tanto, podemos estar perdiéndonos mucho de lo que la otra persona nos está diciendo. Esta es una de las razones principales por las que se nos hace difícil recordar nombres cuando conocemos a las personas por primera vez. No se trata solamente de nuestra memoria que se va volviendo débil, sino de que no estábamos prestando atención cuando nos dijeron sus nombres.

La mayoría de la gente puede darse cuenta de que la persona con la que están hablando no está escuchando. Esto transmite un claro mensaje: cuánto valoramos lo que tienen los demás para decir. Demuestra preocupación y respeto, y esto puede llevar a atraer armonía a nuestras relaciones.

La práctica de la escucha profunda puede resultar muy fácil. Puedes empezar por mirar directo a los ojos a la gente con la que estás hablando. Centra tu atención en lo que te están diciendo, y pelea contra la tendencia de tu mente a divagar. Y si fallas en prestar atención, puedes fácilmente decirle a la otra persona que no escuchaste algo que dijo y pedirle que lo repita. Esto demostrará que eres una persona sincera y que estás tratando de darle toda tu atención. De seguro te sorprenderás de cuánto puede ayudarte la escucha profunda.

Habla consciente

Algunos conflictos se desencadenan por simples malos entendidos. Tu amigo malinterpretó lo que le has dicho o dio por sentado tus intenciones. Una vez que estás involucrado en la conversación, puedes decir lo que sea que tengas en mente. Es extraño pararse a pensar cómo otras personas interpretarán tus palabras. Tendemos a asumir que comprenderán completamente lo que queremos decir. A pesar de que no existe manera alguna de controlar cómo los demás van a entender nuestras palabras, lo mejor sigue siendo disminuir las chances de ser mal interpretado.

Para practicar el habla consciente, comienza por ignorar la tentación de reaccionar a las acciones y a las palabras de los demás. Detente y elige tus palabras con cuidado. Elige palabras que son respetuosas, compasivas y cariñosas. En todo momento, deberías usar un tono no amenazador y sereno. También deberías tener en cuenta que no siempre es necesario dar tu opinión. Hay momentos en los que el silencio es mejor que las palabras.

Escritura consciente

Entre las muchas razones por las que nos

topamos con relaciones difíciles está nuestra actitud acerca de otra gente. Muchos de nosotros estamos más preocupados por nuestras necesidades.

Entonces, nuestra estrategia para lidiar con los demás será controvertida, ya que los vemos como una amenaza para nosotros, que obtienen o se guardan las cosas que creemos que nosotros necesitamos para ser felices. Esto sucede cuando nuestra felicidad depende de cosas y circunstancias externas.

Escribir de manera consciente es una práctica de *mindfulness* que puede cambiar fácilmente nuestra visión de los demás sin demasiado esfuerzo. Es muy fácil hacerlo: simplemente, escribe algunas características positivas en un papel por unos 5 a 10 minutos todos los días. Eso es todo. Esta práctica grabará esas características en lo profundo de tu mente. Después de una semana, te puedes encontrar tratando a las personas de una manera diferente a la de antes, porque te has vuelto más comprensivo, amoroso y compasivo.

Estoy seguro de que quieres mejorar tus relaciones con la gente que te rodea. Sin embargo, puedes no estar muy seguro de cómo hacerlo. Los ejercicios conscientes que describí anteriormente pueden ayudarte a comprender tus relaciones radicalmente. Estos son los pilares de la práctica del *mindfulness* y te ayudarán a comprender mejor tus relaciones, para que puedas nutrir conexiones con más amor.

Conclusión

Otra vez, ¡gracias por adquirir este libro! Espero que te haya ayudado a aprender los aspectos de la meditación *mindfulness* que te cambian la vida, más allá del alivio del estrés y de la solución de la ansiedad.

El siguiente paso es asegurarte de practicar el *mindfulness* al menos 10 minutos por día, y de integrar el arte del *mindfulness* a tu vida diaria.

Recuerda que, al igual que cualquier otro ejercicio, el *mindfulness* solo puede cambiar tu vida si lo practicas regularmente.

¡Gracias y buena suerte!

www.ingramcontent.com/pod-product-compliance
Lightning Source LLC
Chambersburg PA
CBHW071859070526
44583CB00016B/1766